Chatbots
Lernen Sie alles über

In diesem Buch finden Sie die besten Tipps, um Ihre Probleme so sofort und einfach wie möglich zu lösen.
So erreichen Sie einen hohen Wohlstand in Ihrem

beruflichen, persönlichen und familiären Leben !!!

I. Einleitung

Was ist ein Chatbot
Warum Chatbots wichtig sind
Gemeinsame Chatbots - Anwendungen
II Wie Chatbots funktionieren

Natürliche Sprache
Verarbeitung natürlicher Sprache
Spracherkennung
Integration mit anderen Plattformen

III. So erstellen Sie einen Chatbot

Chatbot - Entwicklungsplattformen
Auswählen der richtigen Plattform
Dialogentwicklung
Chatbot testen und trainieren
Iv. Verwendung von Chatbots im Geschäft

Kundendienst
Verkauf und Marketing
Technischer Support
Aufgabenmanagement

V. Endgültige Überlegungen

Zukünftige Perspektiven für Chatbots

Wie Chatbots die Art und Weise verändern, wie Unternehmen mit ihren Kunden kommunizieren

Ratschläge für diejenigen, die erwägen, einen Chatbot in Ihrem Unternehmen zu implementieren

GESEHEN. Anhang

Beispiele für erfolgreiche Chatbot -Anwendungsfälle

Zusätzliche Referenzen für diejenigen, die sich mit dem Thema befassen möchten.

I. Einleitung

Chatbots sind Computerprogramme, mit

denen menschliche Gespräche simulieren sollen. Sie werden in Messaging -Apps, Websites und sozialen Netzwerken verwendet, um Kunden automatisiert zu unterstützen, Fragen zu beantworten und Menschen zu helfen, Aufgaben auszuführen.

Chatbots sind wichtig, da sie Unternehmen den Kunden 24 Stunden am Tag und 7 Tage die Woche schnell und effizient bedienen können. Dies kann dazu beitragen, die Kundenzufriedenheit zu verbessern und die Kundenbindung zu erhöhen. Darüber hinaus können Chatbots so programmiert werden, dass bestimmte Aufgaben wie Planungstermine oder Vorbehalte ausgeführt werden können, was den menschlichen Mitarbeitern Zeit und Mühe sparen kann.

Einige gängige Chatbots - Anwendungen umfassen:

Kundendienst: Chatbots können gemeinsame Fragen beantworten und bei Bedarf einen menschlichen Vertreter weiterleiten.

Vertrieb und Marketing: Chatbots können Menschen helfen, Produkte und Laden zu finden und personalisierte Empfehlungen zu geben.

Technische Unterstützung: Chatbots können Menschen helfen, gemeinsame technische Probleme zu lösen, ohne mit einem menschlichen

Vertreter sprechen zu müssen.
Aufgabenverwaltung: Chatbots können Menschen helfen, ihre täglichen Aufgaben zu verwalten, z. B. Termine oder Reservierungen.

II Wie Chatbots funktionieren

Chatbots basieren auf natürlichen

Sprachtechnologien wie der Verarbeitung natürlicher Sprache (PLN) und der Spracherkennung. PLN ist eine Technologie, mit der Computer die von Menschen verwendete natürliche Sprache verstehen und darauf reagieren können. Die Spracherkennung ist eine Technologie, mit der Computer Sprachbefehle verstehen und darauf reagieren können.

Chatbots können auch in andere Plattformen wie

Messaging -Anwendungen, Websites und soziale Netzwerke integriert werden. Dies ermöglicht es den Menschen, mit den Chatbots zu interagieren, in denen sie sich bereits befinden, ohne die Plattform zu verlassen, die sie verwenden.

III. So erstellen Sie einen Chatbot

Es gibt mehrere Chatbot - Entwicklungsplattformen wie Dialogflow, Botkit und Microsoft Bot Framework.

Diese Plattformen bieten Tools und Ressourcen, mit denen Entwickler Chatbots ohne erweiterte Programmierkenntnisse erstellen können.

Bei der Auswahl einer Chatbot - Entwicklungsplattform ist es wichtig, Ihre projektspezifischen Anforderungen zu berücksichtigen und eine Plattform auszuwählen, die die erforderlichen Tools und Funktionen bietet. Darüber hinaus ist es wichtig, die Benutzerfreundlichkeit und Dokumentation zu berücksichtigen, die bei der Entwicklung zur Verfügung steht.

Die Entwicklung des Dialogs ist ein entscheidender Teil bei der Erstellung eines Chatbots. Es muss so konzipiert werden, dass es menschliche Gespräche simuliert und auf natürliche Weise auf Fragen der Benutzer reagiert. Darüber hinaus ist es wichtig, die möglichen Absichten des Benutzers zu berücksichtigen und Chatbot zu programmieren, um sie ordnungsgemäß mit ihnen umzugehen.

Nach der Entwicklung ist es wichtig, Chatbot zu testen und auszubilden, um sicherzustellen, dass es ordnungsgemäß funktioniert und seine Genauigkeit verbessert. Dies kann durch Benutzertests und Anpassungen am Chatbot - Dialog erfolgen.

Iv. Verwendung von Chatbots im Geschäft

Chatbots können in verschiedenen Geschäftsbereichen verwendet werden, einschließlich Kundendienst, Vertrieb und Marketing, technischer

Support und Aufgabenmanagement.

Im Kundenservice können Chatbots gemeinsame Fragen beantworten und bei Bedarf einen menschlichen Vertreter weiterleiten, um die Kundenzufriedenheit zu verbessern und die Kundenbindung zu erhöhen.

Bei Vertrieb und Marketing können Chatbots Menschen helfen, Produkte und Einkäufe zu finden und personalisierte Empfehlungen zu geben. Dies kann den Umsatz steigern und die Effektivität von Marketingkampagnen verbessern.

Bei technischer Unterstützung können Chatbots Menschen helfen, gemeinsame technische Probleme zu lösen, ohne mit einem menschlichen Vertreter sprechen zu müssen, was den menschlichen Mitarbeitern Zeit und Mühe sparen kann.

Im Aufgabenmanagement können Chatbots den Menschen helfen, ihre täglichen Aufgaben zu verwalten, z. B. Termine oder Reservierungen, die Zeit und Mühe sparen können.

V. Endgültige Überlegungen

Die Zukunftsaussichten für Chatbots sind vielversprechend, wobei sich die Technologie weiterentwickelt und zunehmend weiterentwickelt wird. Auf diese Weise können Chatbots immer genauer und in der Lage sein, mit einer wachsenden Vielfalt von Aufgaben und

Absichten des Benutzers umzugehen. Darüber hinaus ermöglicht die Einbeziehung künstlicher Intelligenz (KI) und maschinelles Lernen (ML) Chatbots zunehmend personalisiert und adaptiv.

Chatbots verändern die Art und Weise, wie Unternehmen mit ihren Kunden kommunizieren, und ermöglichen eine schnellere und effizientere Kommunikation sowie die Automatisierung der sich wiederholenden Aufgaben.

Dies kann die Kundenzufriedenheit verbessern und die Kundenbindung erhöhen.

Für diejenigen, die erwägen, einen Chatbot in Ihrem Unternehmen zu implementieren, ist es wichtig, die Bedürfnisse und Ziele des Projekts klar zu haben und eine ordnungsgemäße Chatbot - Entwicklungsplattform auszuwählen. Darüber hinaus ist es wichtig, Chatbot zu testen und auszubilden, bevor es an die Öffentlichkeit startet und weiterhin regelmäßig überwacht und verbessert wird.

GESEHEN. Anhang

Beispiele für erfolgreiche Chatbot -Anwendungsfälle:

H & M Kundendienst Chatbot, mit dem Kunden Produkte finden und Fragen beantworten können.

Uber Sales Chatbot, das den Benutzern hilft, Rennen zu buchen und Preise zu erhalten. Airbnb Technical Support Chatbot, mit dem Benutzer Probleme mit ihren

Reservierungen lösen können.

Zusätzliche Referenzen für diejenigen, die sich mit dem Thema befassen möchten:

"Chatbots mit Python bauen" von Sumit Raj

"Chatbot: Aufbau von Konversationserfahrungen" von Ahmad Abouhadar

"The Chatbot Revolution: So erstellen Sie einen virtuellen Assistenten für Ihr Geschäft" von Michael O. Brooks

"Chatbots mit Microsoft Bot Framework erstellen" von Srini Janarthanam

"Chatbot -Design: So erstellen Sie einen Chatbot,

den die Menschen lieben werden"

"Chatbot Development with Openai" von Michael Li.

Zusätzlich zu diesen Büchern stehen viele andere Ressourcen online zur Verfügung, wie z. B. Tutorials, Artikel und Entwicklergemeinschaften, die mehr über die Entwicklung von Chatbots erfahren können. Darüber hinaus bieten Chatbot - Entwicklungsplattformen in der Regel Dokumentation und Unterstützung, um Entwicklern dabei zu helfen, ihre Chatbots zu erstellen und zu implementieren.

Mehr wissen...

Chatbots sind Computerprogramme, mit denen menschliche Gespräche simulieren sollen. Sie werden in Messaging -Apps, Websites und sozialen Netzwerken verwendet, um Kunden automatisiert zu unterstützen, Fragen zu beantworten und Menschen zu helfen, Aufgaben auszuführen. Angesichts der wachsenden Beliebtheit von Chatbots implementieren viele

Unternehmen diese Technologie, um ihre Kommunikation mit Kunden zu verbessern und sich wiederholende Aufgaben zu automatisieren.

Chatbots basieren auf natürlichen Sprachtechnologien wie der Verarbeitung natürlicher Sprache (PLN) und der Spracherkennung. PLN ist eine Technologie, mit der Computer die von Menschen verwendete natürliche Sprache verstehen und darauf reagieren können. Die Spracherkennung ist eine Technologie, mit der Computer Sprachbefehle verstehen und darauf reagieren können. Mit diesen Technologien können Chatbots die Fragen der Benutzer verstehen und auf natürliche Weise beantworten können.

Es gibt mehrere Chatbot - Entwicklungsplattformen wie Dialogflow, Botkit und Microsoft Bot Framework. Diese Plattformen bieten

Tools und Ressourcen, mit denen Entwickler Chatbots ohne erweiterte Programmierkenntnisse erstellen können. Bei der Auswahl einer Chatbot - Entwicklungsplattform ist es wichtig, Ihre projektspezifischen Anforderungen zu berücksichtigen und eine Plattform auszuwählen, die die erforderlichen Tools und Funktionen bietet. Darüber hinaus ist es wichtig, die Benutzerfreundlichkeit und Dokumentation zu berücksichtigen, die bei der Entwicklung zur Verfügung steht.

Die Entwicklung des Dialogs ist ein entscheidender Teil bei der Erstellung eines Chatbots. Es muss so konzipiert werden, dass es menschliche Gespräche simuliert und auf natürliche Weise auf Fragen der Benutzer reagiert. Darüber hinaus ist es wichtig, die möglichen Absichten des Benutzers zu berücksichtigen und Chatbot zu programmieren, um sie ordnungsgemäß mit ihnen umzugehen. Nach der Entwicklung ist es wichtig, Chatbot zu testen und auszubilden, um sicherzustellen, dass es ordnungsgemäß funktioniert und seine Genauigkeit verbessert. Dies kann durch Benutzertests und Anpassungen am Chatbot - Dialog erfolgen.

Chatbots können in verschiedenen Geschäftsbereichen verwendet werden, einschließlich Kundendienst, Vertrieb und Marketing, technischer Support und Aufgabenmanagement. Im Kundenservice können Chatbots gemeinsame Fragen beantworten und bei Bedarf einen menschlichen Vertreter weiterleiten, um die Kundenzufriedenheit zu verbessern und die Kundenbindung zu erhöhen. Bei Vertrieb und Marketing können Chatbots Menschen helfen, Produkte und Einkäufe zu finden und personalisierte Empfehlungen zu geben. Dies kann den Umsatz steigern und die Effektivität von Marketingkampagnen verbessern. Bei technischer Unterstützung können Chatbots Menschen helfen, gemeinsame technische Probleme zu lösen, ohne mit einem menschlichen Vertreter sprechen zu müssen, was den menschlichen Mitarbeitern Zeit und Mühe sparen kann. Im Aufgabenmanagement können Chatbots den Menschen helfen, ihre täglichen Aufgaben zu verwalten, z. B. Termine oder Reservierungen, die Zeit und Mühe sparen können.

Die Zukunftsaussichten für Chatbots sind vielversprechend, wobei sich die Technologie weiterentwickelt und zunehmend weiterentwickelt wird. Auf diese Weise können Chatbots immer genauer und in der Lage sein, mit einer wachsenden Vielfalt von Aufgaben und Absichten des Benutzers umzugehen. Darüber hinaus ermöglicht die Einbeziehung künstlicher Intelligenz (KI) und maschinelles Lernen (ML)

Chatbots zunehmend personalisiert und adaptiv.

Chatbots verändern die Art und Weise, wie Unternehmen mit ihren Kunden kommunizieren, und ermöglichen eine schnellere und effizientere Kommunikation sowie die Automatisierung der sich wiederholenden Aufgaben. Dies kann die Kundenzufriedenheit verbessern und die Kundenbindung erhöhen. Für diejenigen, die erwägen, einen Chatbot in Ihrem Unternehmen zu implementieren, ist es wichtig, die Bedürfnisse und Ziele des Projekts klar zu haben und eine ordnungsgemäße Chatbot - Entwicklungsplattform auszuwählen. Darüber hinaus ist es wichtig, Chatbot zu testen und auszubilden, bevor es an die Öffentlichkeit startet und weiterhin regelmäßig überwacht und verbessert wird. Es ist wichtig, sich daran zu erinnern, dass Chatbots nicht als Ersatz für menschliche Mitarbeiter angesehen werden sollten, sondern als Instrument zur Verbesserung der Effizienz und der Automatisierung von Aufgaben, wodurch sich menschliche Mitarbeiter auf wichtigere Aufgaben konzentrieren können. Kurz gesagt, Chatbots sind eine immer wichtigere Technologie, die Unternehmen dabei hilft, ihre Kommunikation mit Kunden zu verbessern und sich wiederholende Aufgaben zu automatisieren. Mit der ständigen Entwicklung der Technologie werden Chatbots immer genauer und in der Lage, mit einer wachsenden Vielfalt von Benutzeraufgaben und -absichten umzugehen. Darüber hinaus ermöglicht die Einbeziehung künstlicher Intelligenz und maschinelles Lernen, dass Chatbots zunehmend personalisiert und adaptiv werden.

Es ist wichtig, sich daran zu erinnern, dass Chatbots nicht als Ersatz für menschliche Mitarbeiter angesehen werden sollten, sondern als Instrument zur Verbesserung der Effizienz und der Automatisierung von Aufgaben, wodurch sich menschliche Mitarbeiter auf wichtigere Aufgaben konzentrieren können. Für diejenigen, die einen Chatbot in ihrem Geschäft implementieren möchten, ist es wichtig, die Bedürfnisse und Ziele des Projekts klar zu haben, eine geeignete Entwicklungsplattform auszuwählen, Chatbot zu testen und zu trainieren, bevor sie starten und weiterhin regelmäßig überwacht und verbessert werden. Zusammenfassend sind Chatbots eine immer wichtigere Technologie, die Unternehmen hilft, ihre Kommunikation mit Kunden zu verbessern und sich wiederholende Aufgaben zu automatisieren. Mit der ständigen Entwicklung der Technologie werden Chatbots immer genauer und in der Lage, mit einer wachsenden Vielfalt von Benutzeraufgaben und -absichten umzugehen. Darüber hinaus ermöglicht die Einbeziehung künstlicher Intelligenz und maschinelles Lernen, dass Chatbots zunehmend personalisiert und anpassungsfähig sein können, und diese Technologie hat ein großes

Potenzial, die Art und Weise zu revolutionieren, wie Unternehmen mit ihren Kunden kommunizieren und ihre Operationen verwalten. 30 Beispiele für Chatbots für Sie zu verstehen, noch besser:

H & M - Kundendienst - Chatbot, mit dem Kunden Produkte finden und Fragen beantworten

Uber - Vertriebschatbot, mit dem Benutzer Rennen reservieren und Preise erhalten

Airbnb - Technischer Support Chatbot, mit dem Benutzer Probleme mit ihren Reservierungen lösen können

Bank of America - Finanzchatbot, mit dem Kunden ihre Konten verwalten und Transaktionen durchführen können

Duolingo - Sprachunterricht Chatbot, mit dem Benutzer neue Sprachen lernen können

OpenAI - Entwicklungschatbot, mit dem Entwickler Chatbots über die OpenAI -Plattform erstellen können

Kayak - Reise -Chatbot, mit dem Benutzer Flüge finden können, Hotels und Autovermietung

Domino's Pizza - Food Delivery Chatbot, mit dem Benutzer Bestellungen erstellen und Lieferstatus verfolgen

Spotify - Chatbot von Musik, mit dem Benutzer Musik finden und hören können

Sephora - Beauty Chatbot, mit der Benutzer Produkte finden und Make -up -Tipps geben können

Das Wall Street Journal - News Chatbot, mit dem Benutzer relevante Nachrichten finden und lesen können

Wetterkanal - Zeitprognose Chatbot, mit dem Benutzer

Zeitprognosen für Ihren Ort erhalten können

T -Mobile - Telefon - Chatbot, mit dem Benutzer ihre Konten verwalten und Probleme lösen können

Capital One - Financial Chatbot, mit dem Kunden ihre Konten verwalten und Transaktionen durchführen können

Skyscanner - Reise - Chatbot, mit dem Benutzer Flüge und Reisepakete finden können

Buchung. Com - Chatbot of Travel Reserves, mit dem Benutzer Hotelzimmer finden und buchen können

Pizza Hut - Chatbot für Lebensmittel, mit der Benutzer Bestellungen abgeben und Lieferstatus verfolgen

Zillow - Chatbot - Immobilien, mit der Benutzer Häuser finden und reservieren können, um zu mieten oder zu kaufen

Netflix - Video -Streaming - Chatbot, mit dem Benutzer Filme und Fernsehsendungen finden und ansehen können

CNN - Chatbot of News, mit dem Benutzer relevante Nachrichten finden und lesen können

Deliveroo - Chatbot für Lebensmittel Lieferung, mit dem Benutzer Bestellungen erstellen und Lieferstatus verfolgen können

American Airlines - Travel Chatbot, mit dem Benutzer Flüge reservieren und ihre Reservierungen verwalten können

Das Wall Street Journal - Finance Chatbot, mit dem Benutzer Finanznachrichten finden und lesen können

KLM - Travel Chatbot, mit dem Benutzer Flüge reservieren und ihre Reservierungen verwalten können

Burberry - Mode -Chatbot, mit dem Benutzer Produkte finden und kaufen können

Die New York Times - Chatbot of News, mit dem Benutzer relevante Nachrichten finden und lesen können

Der Guardian - Chatbot of News, der Benutzern hilft, zu finden und zu lesen relevant

Taco Bell - Chatbot zur Lieferung von

Lebensmitteln, mit der Benutzer Bestellungen erstellen und Lieferstatus verfolgen können

British Airways - Travel Chatbot, mit dem Benutzer Flüge reservieren und ihre Reservierungen verwalten können

Expedia - Reise -Chatbot, mit dem Benutzer Flüge, Hotels und Autovermietungen finden und buchen können.

Noch mehr lernen ...

Chatbots sind Computerprogramme, die das menschliche Gespräch simulieren und automatisierten Kundenunterstützung bieten. Sie werden in Messaging -Apps, Websites und sozialen Netzwerken verwendet, um Fragen zu beantworten und Menschen zu helfen, Aufgaben auszuführen. Angesichts der wachsenden Beliebtheit von Chatbots implementieren viele Unternehmen diese Technologie, um ihre Kommunikation mit Kunden zu verbessern und sich wiederholende Aufgaben zu automatisieren.

Chatbots basieren auf natürlichen Sprachtechnologien wie der Verarbeitung natürlicher Sprache (PLN) und der Spracherkennung. PLN ist eine Technologie, mit der Computer die von Menschen verwendete natürliche Sprache verstehen und darauf reagieren können. Die

Spracherkennung ist eine Technologie, mit der Computer Sprachbefehle verstehen und darauf reagieren können. Mit diesen Technologien können Chatbots die Fragen der Benutzer verstehen und auf natürliche Weise beantworten können.

Chatbots - Entwicklungsplattformen

Es gibt mehrere Chatbot - Entwicklungsplattformen wie Dialogflow, Botkit und Microsoft Bot Framework. Diese Plattformen bieten Tools und Ressourcen, mit denen Entwickler Chatbots ohne erweiterte Programmierkenntnisse erstellen können. Bei der Auswahl einer Entwicklungsplattform ist es wichtig, die Bedürfnisse und Ziele des Projekts sowie die Integrationskapazität mit anderen Tools und Systemen zu berücksichtigen.

Chatbots können in verschiedenen Sektoren verwendet werden, einschließlich Kundendienst, Vertrieb und Marketing, technischer Support und Aufgabenmanagement. Im Kundenservice können Chatbots gemeinsame

Fragen beantworten und bei Bedarf einen menschlichen Vertreter weiterleiten, um die Kundenzufriedenheit zu verbessern und die Kundenbindung zu erhöhen. Bei Vertrieb und Marketing können Chatbots Menschen helfen, Produkte und Einkäufe zu finden und personalisierte Empfehlungen zu geben. Dies kann den Umsatz steigern und die Effektivität von Marketingkampagnen verbessern. Bei technischer Unterstützung können

Chatbots Menschen helfen, gemeinsame technische Probleme zu lösen, ohne mit einem menschlichen Vertreter sprechen zu müssen, was den menschlichen Mitarbeitern Zeit und Mühe sparen kann. Im Aufgabenmanagement können Chatbots den Menschen helfen, ihre täglichen Aufgaben zu verwalten, z. B. Termine oder Reservierungen, die Zeit und Mühe sparen können.

Die Einbeziehung künstlicher Intelligenz (KI) und maschinelles Lernen (ML) ist ein wichtiger Aspekt in der Entwicklung von Chatbots. Auf diese Weise können Chatbots immer genauer und in der Lage sein, mit einer wachsenden Vielfalt von Aufgaben und Absichten des Benutzers umzugehen. Darüber hinaus sind Anpassungen und Anpassungsfähigkeit dank der Verwendung von AI und ML möglich, was eine bessere Benutzererfahrung bietet.

Es ist wichtig hervorzuheben, dass Chatbots nicht als Ersatz für menschliche Mitarbeiter angesehen werden sollten, sondern als Instrument zur Verbesserung der Effizienz und der Automatisierung von Aufgaben, wodurch sich menschliche Mitarbeiter auf wichtigere Aufgaben konzentrieren können. Darüber hinaus ist es wichtig, dass Unternehmen Teams auf komplexe und unvorhergesehene Situationen vorbereiten, die sich während der Interaktion mit Chatbot ergeben können.

Die Implementierung von Chatbots kommt auch Unternehmen zugute, wie z. B. die Steigerung der Effizienz, die Kostensenkung und die Verbesserung der Kundenzufriedenheit. Darüber hinaus können

Chatbots Unternehmen auch dabei helfen, wertvolle Daten über ihre Kunden wie Produktpräferenzen und Kaufverhalten zu sammeln. Dies kann verwendet werden, um Marketing- und Vertriebsstrategien zu verbessern sowie neue Produkte und Dienstleistungen zu entwickeln.

Es ist jedoch wichtig zu bedenken, dass die Implementierung eines erfolgreichen Chatbots sorgfältige Planung und umfangreiche Tests erfordert, bevor sie an die Öffentlichkeit gestartet werden. Es ist wichtig sicherzustellen, dass Chatbot geschult und getestet wird, um mit einer Vielzahl von Fragen und Situationen umzugehen, und dass es einfach aktualisiert und erweitert werden kann, wenn neue Daten und Feedback von Benutzern gesammelt werden.

Zusammenfassend sind Chatbots eine immer

wichtigere Technologie, die Unternehmen hilft, ihre Kommunikation mit Kunden zu verbessern und sich wiederholende Aufgaben zu automatisieren. Mit der ständigen Entwicklung der Technologie werden Chatbots immer genauer und in der Lage, mit einer wachsenden Vielfalt von Benutzeraufgaben und -absichten umzugehen. Darüber hinaus ermöglicht die Einbeziehung künstlicher Intelligenz und maschinelles Lernen, dass Chatbots zunehmend personalisiert und adaptiv werden. Es ist wichtig, sich daran zu erinnern, dass Chatbots nicht als Ersatz für menschliche Mitarbeiter angesehen werden sollten, sondern als Instrument zur Verbesserung der Effizienz und der Automatisierung von Aufgaben, wodurch sich menschliche Mitarbeiter auf wichtigere Aufgaben konzentrieren können.

Verstärken Sie Ihr Lernen

Ein Chatbot ist ein Computerprogramm, das das menschliche Gespräch simulieren soll. Sie werden in einer Vielzahl von Anwendungen verwendet, wie z. B. Kundendienst, technischen Support, Online -Einkäufe und vieles mehr. Chatbots können so konzipiert werden, dass sie mit Benutzern über Text, Stimme oder sogar Video kommunizieren.

Es gibt zwei Haupttypen von Chatbots: Regeln, die auf künstlicher Intelligenz basieren. Regelnbasierte Chatbots sind mit einer Reihe vordefinierter Regeln und Antworten auf bestimmte Fragen programmiert. Sie sind nützlich für einfache und gut definierte Aufgaben, z. B. die Beantwortung gemeinsamer Fragen zu einem Produkt oder einer Dienstleistung. Künstliche Intelligenz (KI) -basierte Chatbots verwenden automatische Lerntechniken, um die natürliche Sprache zu verstehen und angemessen zu reagieren. Sie können von Benutzern mit Benutzern lernen und sich im Laufe der Zeit anpassen und immer genauer werden.

Um einen Chatbot zu erstellen, müssen Sie einen großen Konversationsdatensatz sammeln und trainieren, damit Chatbot lernen kann, Fragen zu verstehen und zu beantworten. Darüber hinaus ist es wichtig, ein gutes Verständnis dafür zu haben, wie Benutzer kommunizieren und was sie von Chatbot erwarten.

Kurz gesagt, Chatbots sind Computerprogramme für die Simulation menschlicher Gespräche und werden in einer Vielzahl von Anwendungen verwendet. Sie können auf Regeln oder künstlichen Intelligenz basieren, und ein Chatbot beinhaltet das Sammeln und Training eines großen Gesprächsdatensatzes.

Chatbots werden aufgrund ihrer Vorteile gegenüber dem menschlichen Dienst immer beliebter. Sie sind in der Lage, 24 Stunden am Tag, 7 Tage die Woche ohne Unterbrechung Antworten zu geben und können schnell und genau mit einer großen Anzahl von Anfragen umgehen. Darüber hinaus können AI-basierte Chatbots von Benutzern mit Benutzern lernen und ihre Antworten kontinuierlich verbessern und immer korrekter werden.

Chatbots können auch in verschiedene Plattformen wie Websites, mobile Anwendungen und soziale Netzwerke integriert werden, wodurch sie für eine große Anzahl von Personen zugänglich sind. Dies macht Chatbots zu einem wertvollen Instrument für Unternehmen und Organisationen, da sie den Kundendienst und einen effizienten und erschwinglichen technischen Support zu geringen Kosten bieten können.

Darüber hinaus können Chatbots auch verwendet werden, um einfache und routinemäßige Aufgaben wie Terminplanung und Bestellverarbeitung zu automatisieren und Mitarbeiter zu veröffentlichen, um sich auf komplexere und höhere zusätzliche Aufgaben zu konzentrieren.

Es ist jedoch wichtig zu beachten, dass Chatbots immer noch Einschränkungen haben. Sie können Schwierigkeiten haben, komplexe Fragen oder nicht einheimische Sprachen zu verstehen, und sind nicht so gut wie Menschen im Umgang mit unvorhergesehenen Situationen oder Sprachnuancen. Darüber hinaus können Regeln basierende Chatbots durch vordefinierte Antworten begrenzt werden und können sich nicht an die spezifischen Anforderungen jedes Benutzers anpassen.

Kurz gesagt, Chatbots bieten eine Reihe von Vorteilen gegenüber dem menschlichen Dienst, einschließlich der Verfügbarkeit rund um die Uhr, die Fähigkeit, mit großen Anforderungen und Automatisierung einfacher Aufgaben zu handeln. Sie haben jedoch immer noch Einschränkungen und können die menschliche Versorgung in allen Situationen nicht vollständig ersetzen. Es ist wichtig, diese Einschränkungen bei der

Entwicklung und Implementierung eines Chatbots zu berücksichtigen.

Ein weiterer Vorteil von Chatbots ist die Fähigkeit, Benutzerdaten zu sammeln und zu analysieren. Da

Chatbots durch Gespräche mit Benutzern interagieren, sammeln sie wertvolle Informationen über ihre Interessen, Bedürfnisse und Kaufverhalten. Diese Daten können verwendet werden, um die Benutzererfahrung anzupassen und benutzerdefinierte Empfehlungen zu geben, wodurch die Kundenzufriedenheit und die Conversion -Raten erhöht werden. Darüber hinaus können gesammelte Daten verwendet werden, um Kunden besser zu verstehen und fundierte Geschäftsentscheidungen zu treffen.

Chatbots können auch in Verbindung mit anderen aufstrebenden Technologien wie natürlichen Sprachverarbeitung (NLP) und rechnerischem Vision verwendet werden, um ihre Fähigkeiten weiter zu verbessern. Beispielsweise können Chatbots mit Spracherkennungstechnolo gie ausgestattet werden, damit Benutzer mit Sprachbefehlen interagieren können, oder in Kameras integriert werden können, damit Benutzer Fragen mit Bildern stellen können.

Es ist jedoch wichtig, sich daran zu erinnern, dass Chatbots nur dann effektiv sind, wenn sie korrekt entwickelt und implementiert werden. Dies beinhaltet das Sammeln und Training eines großen Konversationsdatensatzes, ein gutes Verständnis der natürlichen Sprache und der Benutzerbedürfnisse sowie das kontinuierliche

Testen und Anpassen von Chatbot, um sicherzustellen, dass es genaue und nützliche Antworten liefert. Darüber hinaus sollten Chatbots so konzipiert sein, dass sie einfach zu bedienen und für eine große Anzahl von Personen zugänglich sind.

Kurz gesagt, Chatbots sind Computerprogramme für die Simulation menschlicher Konversation und werden in einer Vielzahl von Anwendungen wie Kundendienst und technischem Support verwendet. Sie können auf Regeln oder künstlichen Intelligenz basieren und können Benutzerdaten sammeln und analysieren und in andere aufkommende Technologien integriert werden. Es ist jedoch wichtig, sich daran zu erinnern, dass Chatbots nur dann effektiv sind, wenn sie korrekt entwickelt und implementiert werden.

Top -Artikel:
Artikel 1: Wie Chatbots den Kundendienst verändern

Chatbots sind Computerprogramme, mit denen menschliche Gespräche simulieren sollen, und werden im Kundenservice immer beliebter. Sie sind in der Lage, 24 Stunden am Tag, 7 Tage die Woche ohne Unterbrechung Antworten zu geben und können schnell und genau mit einer großen Anzahl von Anfragen umgehen. Darüber hinaus können AI - basierte Chatbots aus Benutzerinteraktionen lernen und ihre Antworten kontinuierlich verbessern. Auf diese Weise können Unternehmen einen effizienten und zugänglichen Kundenservice zu geringen Kosten anbieten.

Artikel 2: Wie Chatbots Geschäftsaufgaben automatisieren

Chatbots können einfache und routinemäßige

Aufgaben wie Terminplanung und Bestellverarbeitung automatisieren. Auf diese Weise können sich Mitarbeiter auf komplexere und höhere zusätzliche Aufgaben konzentrieren. Darüber hinaus können Chatbots Benutzerdaten sammeln und analysieren, indem sie wertvolle Informationen bereitstellen, um fundierte Geschäftsentscheidungen zu treffen. Die Automatisierung von Chatbots -Aufgaben kann die Effizienz steigern und die Geschäftskosten senken.

Artikel 3: Wie Chatbots die Benutzererfahrung verbessern

Chatbots können Benutzerdaten sammeln und analysieren, sodass Unternehmen benutzerdefinierte Empfehlungen anbieten und die Benutzererfahrung anpassen können. Darüber hinaus können Chatbots in verschiedene Plattformen integriert werden, was sie für eine große Anzahl von Personen zugänglich macht. Dies erhöht die Kundenzufriedenheit und die Conversion -Raten. Die Verbesserung der Benutzererfahrung mit Chatbots kann die Loyalität und Kundenbindung erhöhen.

Artikel 4: Die Herausforderungen bei der Implementierung von Chatbots

Obwohl Chatbots eine Reihe von Vorteilen bieten, haben sie immer noch Einschränkungen. Sie können Schwierigkeiten haben, komplexe Fragen oder nicht einheimische Sprachen zu verstehen, und sind nicht so gut wie Menschen im Umgang mit unvorhergesehenen Situationen oder Sprachnuancen. Darüber hinaus können Regeln basierende Chatbots durch vordefinierte Antworten begrenzt werden und können sich nicht an die spezifischen Anforderungen jedes Benutzers anpassen. Es ist daher wichtig, diese Einschränkungen bei der Entwicklung und

Implementierung eines Chatbots zu berücksichtigen. Darüber hinaus werden Chatbots nur dann effektiv sein, wenn sie korrekt entwickelt und implementiert werden, einschließlich des Sammelns und Trainings eines großen Gesprächsdatensatzes, eines guten Verständnisses für die natürlichen Sprache und die Bedürfnisse des Benutzers sowie das ständige Testen und Anpassung von Chatbot.

Artikel 5: Die Zukunft der Chatbots

Die Chatbots -Technologie entwickelt sich schnell weiter und Chatbots werden voraussichtlich in Zukunft immer komplexere Aufgaben ausführen. Dies schließt die Fähigkeit ein, Finanztransaktionen durchzuführen, medizinische Unterstützung zu leisten und sogar Vorstellungsgespräche durchzuführen. Darüber hinaus werden Chatbots zunehmend in andere aufstrebende Technologien wie das Internet der Dinge integriert, um eine flüssigere und natürlichere Interaktion zwischen Benutzern und Maschinen zu ermöglichen. Die Zukunft von Chatbots ist vielversprechend und kann Unternehmen und Benutzern eine Reihe von Vorteilen bringen.

Konsultieren Sie einen Spezialisten. Wir garantieren keine Ergebnisse. Verwenden Sie

dieses Material als Stützbasis.
Auf Ihrem Erfolg ...

www.ingramcontent.com/pod-product-compliance
Lightning Source LLC
Chambersburg PA
CBHW070755220526
45467CB00014B/440